화엄경 제2권 해설

세주묘엄품 제1의 2, 즉 화엄경 제2권에서는 이곳에 모인 제천중(諸天衆)들의 덕과 행을 찬탄하고 각기 그들이 이해하고 있는 부처님에 대한 지식을 찬불가를 통해서 찬탄하고 있다.

1p "이시(爾時)" 로부터 6p "해탈문(解脫門)" 까지는 덕과 행을 찬탄한 것이고, 6p "이시(爾時)" 로부터 10주·10행·10회향·10장·10지·10원·10정·10통·10정을 얻은 보살 신장들이 나오는데 먼저는 시방보살들이 나오고, 다음에는 지족천(도솔천)·시분천(야마천·염마천)·도이천(33천·제석천)·일천자·월천자가 순서적으로 각기 거느리고 온 10대 권속들의 인격과 그들이 찬송한 찬불가가 나온다.

대개 이들은 불교수행으로 볼 때 10지보살과 10회향 일부에 해당한다.

1. 대자재천왕 - 법운지(法雲地)
2. 광과천왕 - 선혜지(善慧地)
3. 변정천왕 - 부동지(不動地)
4. 광음천왕 - 원행지(遠行地)
5. 대범천왕 - 현전지(現前地)
6. 대자재천왕 - 난승지(難勝地)
7. 화락천왕 - 염혜지(焰慧地)
8. 도솔천왕 - 발광지(發光地)
9. 야마천왕 - 이구지(離垢地)
10. 도이천왕 - 환희지(歡喜地)
11. 일천자 - 법계무량회향(法界無量廻向)
12. 월천자 - 무염무착회향(無染無着廻向)

世主妙嚴品 第一之二
세주묘엄품 제일지이

爾時如來道場 衆海悉已
이시여래도량 중해실이

雲集無邊品類周帀徧滿形
운집무변품류주잡변만형

色部從各各差別隨所來方
색부종각각차별수소내방

親近世尊一心瞻仰此諸衆
친근세존일심첨앙차제중

會已離一切煩惱心垢及其
회이리일체번뇌심구급기

餘習摧重障山見佛無礙如
여습최중장산견불무애여

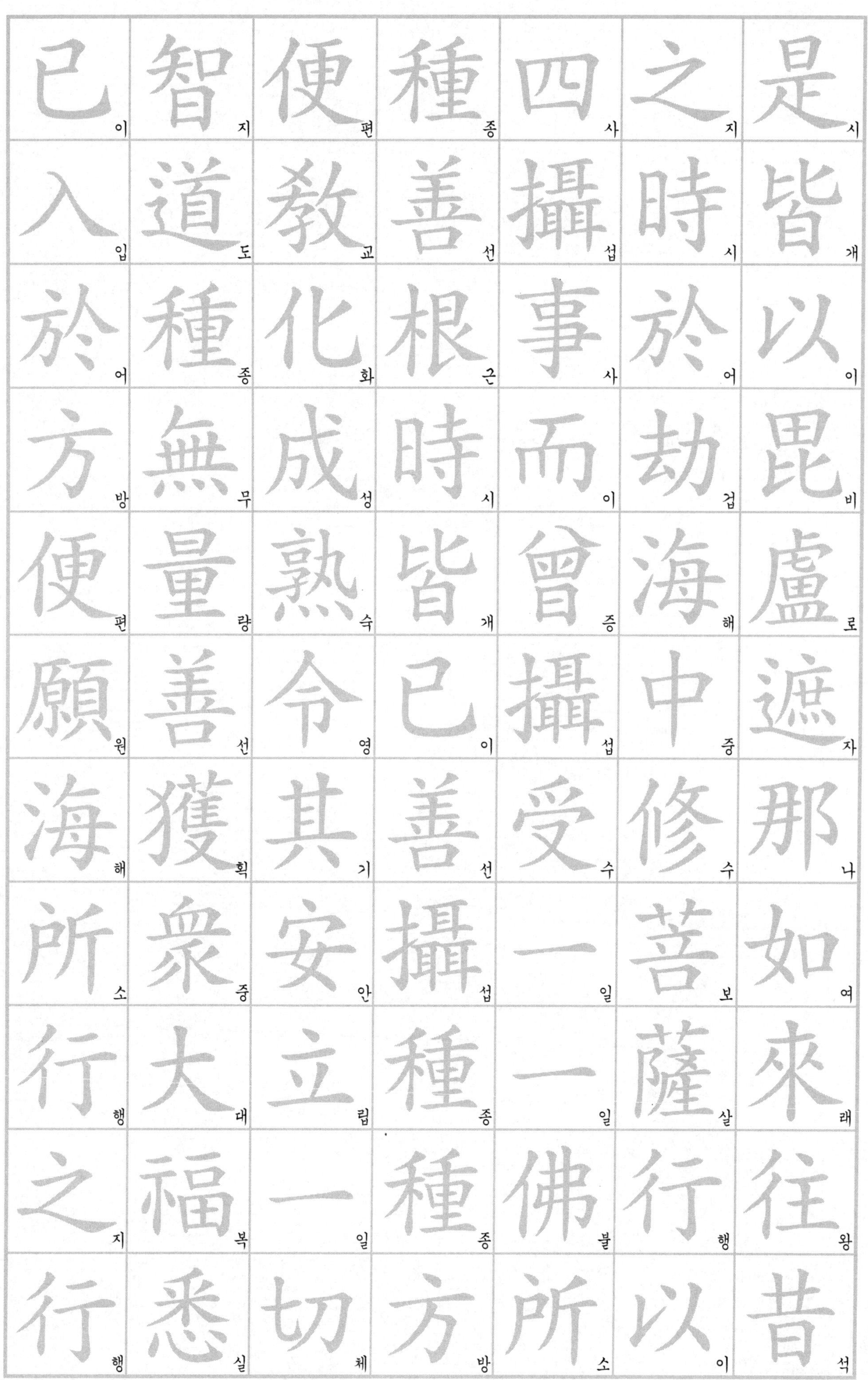
是시 皆개 以이 毘비 盧로 遮자 那나 如여 來래 往왕 昔석
之지 時시 於어 劫겁 海해 中중 修수 菩보 薩살 行행 以이
四사 攝섭 事사 而이 曾증 攝섭 受수 一일 一일 佛불 所소
種종 善선 根근 時시 皆개 已이 善선 攝섭 種종 種종 方방
便편 教교 化화 成성 熟숙 令영 其기 安안 立립 一일 切체
智지 道도 種종 無무 量량 善선 獲획 衆중 大대 福복 悉실
已이 入입 於어 方방 便편 願원 海해 所소 行행 之지 行행

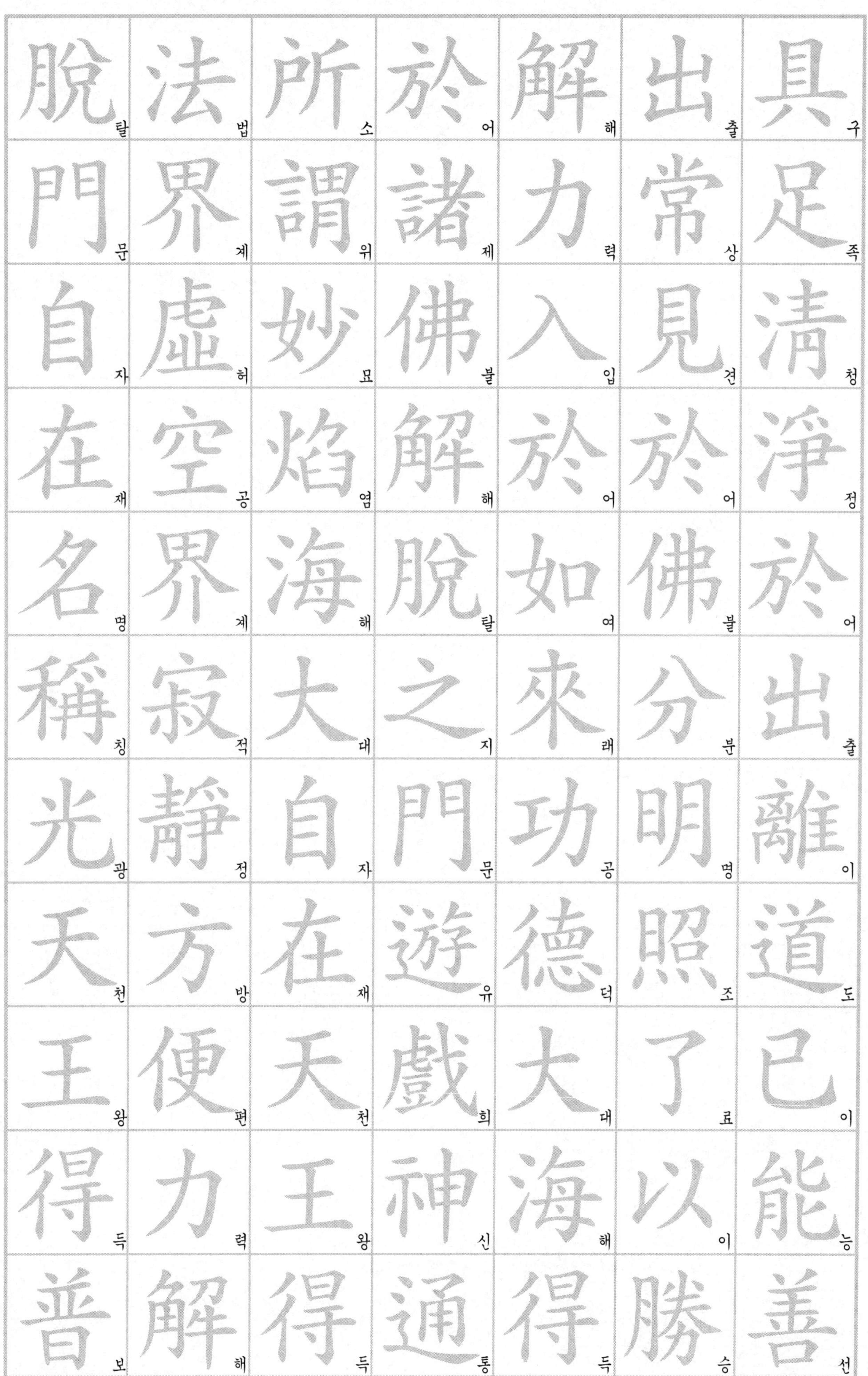

사경의 공덕은 십만억 부처님께 공양한 것과 같은 공덕이 있습니다.

觀一切法悉自在解脫門淸
관일체법실자재해탈문청

淨功德眼天王得知一切法
정공덕안천왕득지일체법

不生不滅不來不去無功用
불생불멸불래불거무공용

行解脫門可愛樂大慧天王
행해탈문가애락대혜천왕

得現見一切法眞實相智慧
득현견일체법진실상지혜

海解脫門不動光自在天王
해해탈문부동광자재천왕

得與衆生無邊安樂大方便
득여중생무변안락대방편

定解脫門妙莊嚴眼天王得
정해탈문묘장엄안천왕득

令觀寂靜法滅諸癡暗怖解
영관적정법멸제치암포해

脫門善思惟光明天王得善
탈문선사유광명천왕득선

入無邊境界不起一切諸有
입무변경계불기일체제유

思惟業解脫門可愛樂大智
사유업해탈문가애락대지

天王得普往十方說法而不
천왕득보왕시방설법이부

動無所依解脫門普音莊嚴
동무소의해탈문보음장엄

幢天王得入佛寂靜境界普
당천왕득입불적정경계보

現光明解脫門名稱光善精
현광명해탈문명칭광선정

進天王得住自所悟處而以
진천왕득주자소오처이이

無邊廣大境界爲所緣解脫
무변광대경계위소연해탈

門爾時妙焰海天王承佛威
문이시묘염해천왕승불위

力普觀一切自在天衆而說
력보관일체자재천중이설

頌言
송언

佛身普徧諸大會 (불신보변제대회)

充滿法界無窮盡 (충만법계무궁진)

寂滅無性不可取 (적멸무성불가취)

爲救世間而出現 (위구세간이출현)

如來法王出世間 (여래법왕출세간)

能然照世妙法燈 (능연조세묘법등)

境界無邊亦無盡 (경계무변역무진)

사경의 공덕은 십만억 부처님께 공양한 것과 같은 공덕이 있습니다.

此自在名之所證
차자재명지소증

佛不思議離分別
불불사의이분별

了相十方無所有
요상시방무소유

爲世廣開淸淨道
위세광개청정도

如是淨眼能觀見
여시정안능관견

如來智慧無邊際
여래지혜무변제

一切世間莫能測
일체세간막능측

永滅衆生癡暗心
영멸중생치암심

大慧入此深安住
대혜입차심안주

如來功德不思議
여래공덕불사의

衆生見者煩惱滅
중생견자번뇌멸

普使世間獲安樂
보사세간획안락

不動自在天能見
부동자재천능견

衆生癡闇常迷覆
중생치암상미부

如來爲說寂靜法
여래위설적정법

是則照世智慧燈
시즉조세지혜등

妙眼能知此方便
묘안능지차방편

如來淸淨妙色身
여래청정묘색신

普現十方無有比
보현시방무유비

此身無性無依處
차신무성무의처

善思惟天所觀察
선사유천소관찰

如來音聲無限礙
여래음성무한애

堪受化者靡不聞
감수화자미불문

而佛寂然恒不動
이불적연항부동

此樂智天之解脫
차락지천지해탈

寂靜解脫天人主
적정해탈천인주

十方無處不現前
시방무처불현전

光明照耀滿世間
광명조요만세간

此(차) 無(무) 礙(애) 法(법) 嚴(엄) 幢(당) 見(견)
佛(불) 於(어) 無(무) 邊(변) 大(대) 劫(겁) 海(해)
爲(위) 衆(중) 生(생) 故(고) 求(구) 菩(보) 提(리)
種(종) 種(종) 神(신) 通(통) 化(화) 一(일) 切(체)
名(명) 稱(칭) 光(광) 天(천) 悟(오) 斯(사) 法(법)
復(부) 次(차) 可(가) 愛(애) 樂(락) 法(법) 光(광) 明(명) 幢(당) 天(천)
王(왕) 得(득) 普(보) 觀(관) 一(일) 切(체) 衆(중) 生(생) 根(근) 爲(위) 說(설)

法斷疑解脫門淨莊嚴海天
법단의해탈문정장엄해천

王得隨憶念令見佛解脫門
왕득수억념령견불해탈문

最勝慧光明天王得法性平
최승혜광명천왕득법성평

等無所依莊嚴身解脫門自
등무소의장엄신해탈문자

在智慧幢天王得了知一切
재지혜당천왕득요지일체

世間法一念中安立不思議
세간법일념중안립불사의

莊嚴海解脫門樂寂靜天王
장엄해해탈문악적정천왕

得於一毛孔現不思議佛刹
득어일모공현불사의불찰

無障礙解脫門普智眼天王
무장애해탈문보지안천왕

得入普門觀察法界解脫門
득입보문관찰법계해탈문

樂旋慧天王得爲一切衆生
악선혜천왕득위일체중생

種種出現無邊劫常現前解
종종출현무변겁상현전해

脫門種善種慧光明天王得
탈문종선종혜광명천왕득

一切世間境界入不思議法
일체세간경계입불사의법

天 천	王 왕	門 문	切 체	廣 광	示 시	解 해
無 무	承 승	爾 이	應 응	大 대	一 일	脫 탈
量 량	佛 불	時 시	化 화	淸 청	切 체	門 문
廣 광	威 위	可 가	衆 중	淨 정	衆 중	無 무
天 천	力 력	愛 애	生 생	光 광	生 생	垢 구
廣 광	普 보	樂 락	令 령	天 천	出 출	寂 적
果 과	觀 관	法 법	入 입	王 왕	要 요	靜 정
天 천	一 일	光 광	佛 불	得 득	法 법	光 광
衆 중	切 체	明 명	法 법	觀 관	解 해	天 천
而 이	少 소	幢 당	解 해	察 찰	脫 탈	王 왕
說 설	廣 광	天 천	脫 탈	一 일	門 문	得 득

頌言 (송언)

諸佛境界不思議 (제불경계불사의)
一切衆生莫能測 (일체중생막능측)
普令其心生信解 (보령기심생신해)
廣大意樂無窮盡 (광대의락무궁진)
若有衆生堪受法 (약유중생감수법)
佛威神力開導彼 (불위신력개도피)

令其恒覩佛現前 (령기항도불현전)
嚴海天王如是見 (엄해천왕여시견)
一切法性無所依 (일체법성무소의)
佛現世間亦如是 (불현세간역여시)
普於諸有無依處 (보어제유무의처)
此義勝智能觀察 (차의승지능관찰)
隨諸衆生心所欲 (수제중생심소욕)

佛神通力皆能現
불신통력개능현

各各差別不思議
각각차별불사의

此智幢王解脫海
차지당왕해탈해

過去所有諸國土
과거소유제국토

一毛孔中皆示現
일모공중개시현

此是諸佛大神通
차시제불대신통

愛樂寂靜能宣說
애락적정능선설

一切法門無盡海 일체법문무진해

同會一法道場中 동회일법도량중

如是法性佛所說 여시법성불소설

智眼能明此方便 지안능명차방편

十方所有諸國土 시방소유제국토

悉在其中而說法 실재기중이설법

佛身無去亦無來 불신무거역무래

愛樂慧旋之境界 (애락혜선지경계)

佛觀世法如光影 (불관세법여광영)

入彼甚深幽奧處 (입피심심유오처)

說諸法性常寂然 (설제법성상적연)

善種思惟能見此 (선종사유능견차)

佛善了知諸境界 (불선료지제경계)

隨衆生根雨法雨 (수중생근우법우)

爲啓難思出要門
위계난사출요문

此寂靜天能悟入
차적정천능오입

世尊恒以大慈悲
세존항이대자비

利益衆生而出現
이익중생이출현

等雨法雨充其器
등우법우충기기

淸淨光天能演說
청정광천능연설

復次淸淨慧名稱天王得
부차청정혜명칭천왕득

了(요)達(달)一(일)切(체)衆(중)生(생)解(해)脫(탈)道(도)方(방)便(편)
解(해)脫(탈)門(문)最(최)勝(승)見(견)天(천)王(왕)得(득)隨(수)一(일)
切(체)諸(제)天(천)衆(중)所(소)樂(락)如(여)光(광)影(영)普(보)示(시)
現(현)解(해)脫(탈)門(문)寂(적)靜(정)德(덕)天(천)王(왕)得(득)普(보)
嚴(엄)淨(정)一(일)切(체)佛(불)境(경)界(계)大(대)方(방)便(편)解(해)
脫(탈)門(문)須(수)彌(미)音(음)天(천)王(왕)得(득)隨(수)諸(제)衆(중)
生(생)永(영)流(류)轉(전)生(생)死(사)海(해)解(해)脫(탈)門(문)淨(정)

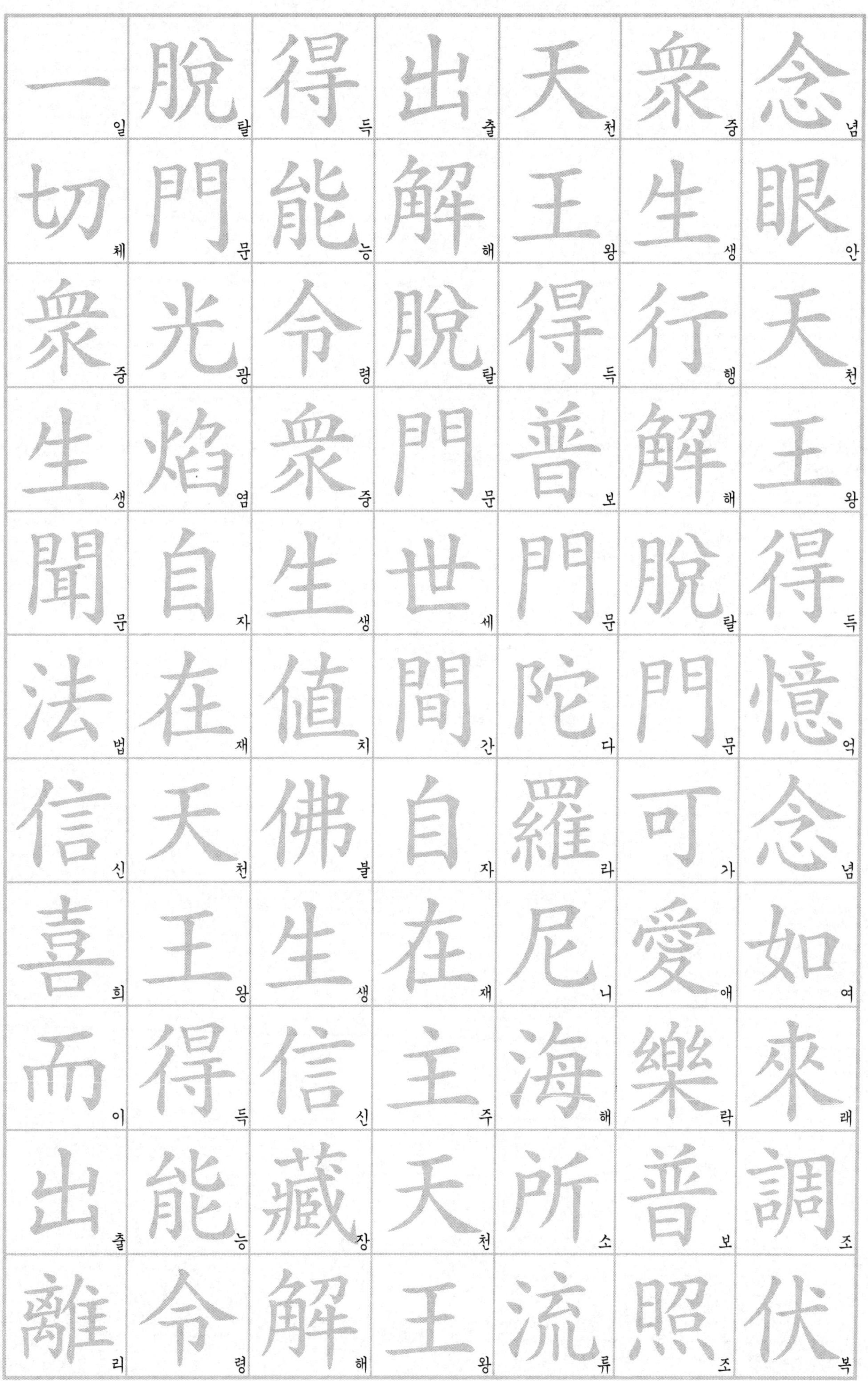
念眼天王得憶念如來調伏
념안천왕득억념여래조복
衆生行解脫門可愛樂普照
중생행해탈문가애락보조
天王得普門陀羅尼海所流
천왕득보문다라니해소류
出解脫門世間自在主天王
출해탈문세간자재주천왕
得能令衆生値佛生信藏解
득능령중생치불생신장해
脫門光焰自在天王得能令
탈문광염자재천왕득능령
一切衆生聞法信喜而出離
일체중생문법신희이출리

解脫門樂思惟法變化天王

得入一切菩薩調伏行如虛

空無邊無盡解脫門變化幢

天王得觀衆生無量煩惱普

悲智解脫門

爾時淸淨慧名稱天王承

佛威力普觀一切少淨天王無

量淨 天徧淨天衆而說頌言
량정 천변정천중이설송언

了知法性無礙者
요지법성무애자

普現十方無量刹
보현시방무량찰

說佛境界不思議
설불경계불사의

令衆同歸解脫海
영중동귀해탈해

如來處世無所依
여래처세무소의

譬如光影現衆國
비여광영현중국

法性究竟無生起
법성구경무생기

此勝見王所入門
차승견왕소입문

無量劫海修方便
무량겁해수방편

普淨十方諸國土
보정시방제국토

法界如如常不動
법계여여상부동

寂靜德天之所悟
적정덕천지소오

衆生愚癡所覆障
중생우치소부장

盲闇恒居生死中
맹암항거생사중

如來示以清淨道
여래시이청정도

此須彌音之解脫
차수미음지해탈

諸佛所行無上道
제불소행무상도

一切衆生莫能測
일체중생막능측

示以種種方便門
시이종종방편문

淨眼諦觀能悉了
정안체관능실료

如來恒以總持門
여래항이총지문

譬如刹海微塵數
비여찰해미진수

示教衆生徧一切
시교중생변일체

普照天王此能入
보조천왕차능입

如來出世甚難値
여래출세심난치

無量劫海時一遇
무량겁해시일우

能令衆生生信解
능령중생생신해

此自在天之所得
차자재천지소득

佛說法性皆無性
불설법성개무성

甚深廣大不思議
심심광대부사의

普使衆生生淨信
보사중생생정신

光焰天王能善了
광염천왕능선료

三世如來功德滿
삼세여래공덕만

化衆生界不思議
화중생계불사의

於彼思惟生慶悅
(어피사유생경열)

如是樂法能開演
(여시악법능개연)

衆生沒在煩惱海
(중생몰재번뇌해)

愚癡見濁甚可怖
(우치견탁심가포)

大師哀愍令永離
(대사애민령영리)

此化幢王所觀境
(차화당왕소관경)

如來恒放大光明
(여래항방대광명)

一一光中無量佛 (일일광중무량불)
各各現化衆生事 (각각현화중생사)
此妙音天所入門 (차묘음천소입문)
復次可愛樂光明天王得 (부차가애락광명천왕득)
恒受寂靜樂而能降現消滅 (항수적정락이능강현소멸)
世間苦解脫門淸淨妙光天 (세간고해탈문청정묘광천)
王得大悲心相應海一切衆 (왕득대비심상응해일체중)

愛 애	脫 탈	切 체	念 념	切 체	王 왕	生 생
樂 락	門 문	世 세	智 지	衆 중	得 득	喜 희
信 신	可 가	間 간	天 천	生 생	一 일	樂 락
受 수	愛 애	皆 개	王 왕	福 복	念 념	藏 장
一 일	樂 락	悉 실	得 득	德 덕	中 중	解 해
切 체	淨 정	如 여	普 보	力 력	普 보	脫 탈
聖 성	妙 묘	虛 허	使 사	解 해	現 현	門 문
人 인	音 음	空 공	成 성	脫 탈	無 무	自 자
法 법	天 천	淸 청	住 주	門 문	邊 변	在 재
解 해	王 왕	淨 정	壞 괴	最 최	劫 겁	音 음
脫 탈	得 득	解 해	一 일	勝 승	一 일	天 천

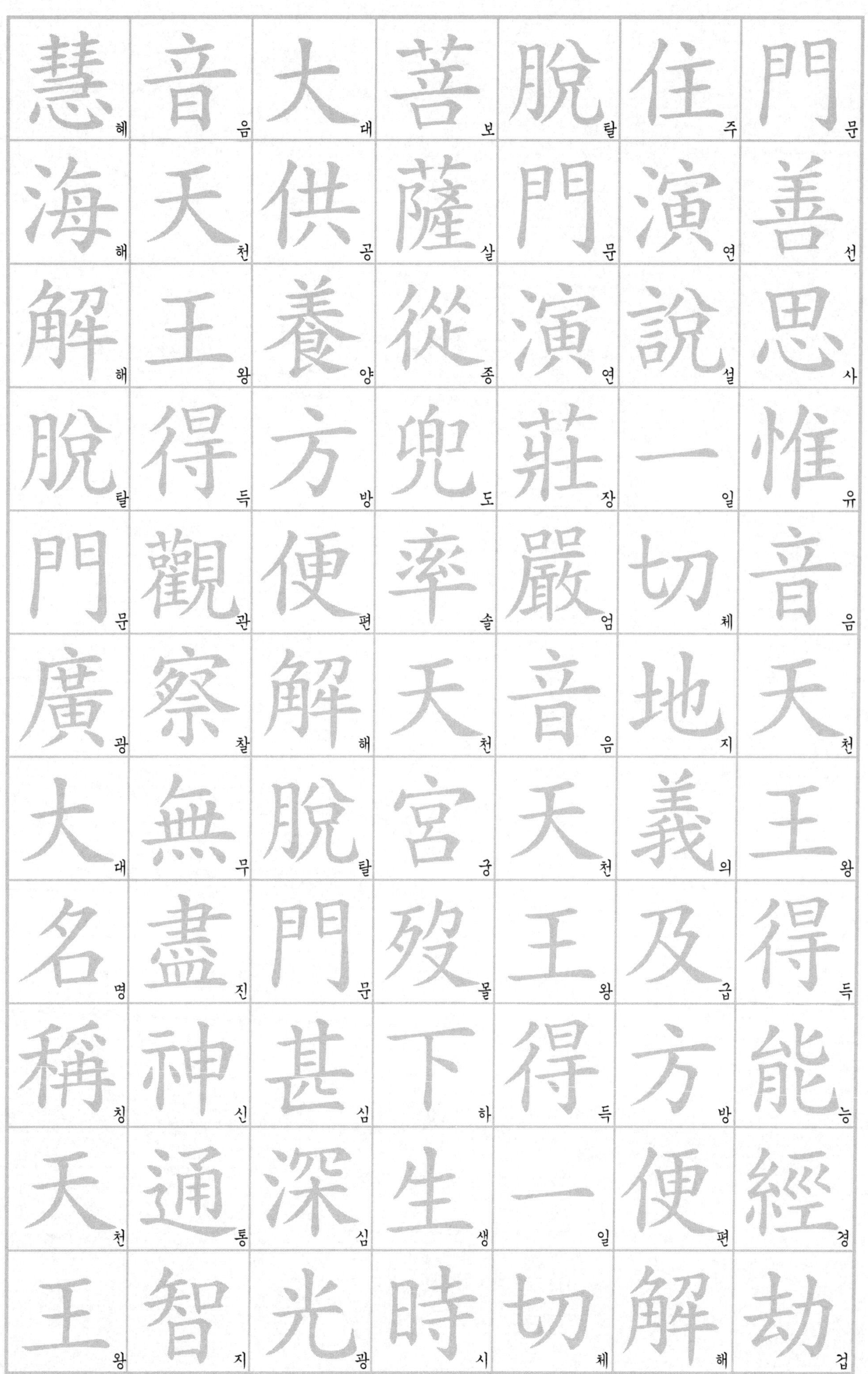

慧 혜	音 음	大 대	菩 보	脫 탈	住 주	門 문
海 해	天 천	供 공	薩 살	門 문	演 연	善 선
解 해	王 왕	養 양	從 종	演 연	說 설	思 사
脫 탈	得 득	方 방	兜 도	莊 장	一 일	惟 유
門 문	觀 관	便 편	率 솔	嚴 엄	切 체	音 음
廣 광	察 찰	解 해	天 천	音 음	地 지	天 천
大 대	無 무	脫 탈	宮 궁	天 천	義 의	王 왕
名 명	盡 진	門 문	歿 몰	王 왕	及 급	得 득
稱 칭	神 신	甚 심	下 하	得 득	方 방	能 능
天 천	通 통	深 심	生 생	一 일	便 편	經 경
王 왕	智 지	光 광	時 시	切 체	解 해	劫 겁

得一切佛功德海滿足出現
득일체불공덕해만족출현

世間方便力解脫門最勝淨
세간방편력해탈문최승정

光天王得如來往昔誓願力
광천왕득여래왕석서원력

發生深信愛樂藏解脫門
발생심신애락장해탈문

爾時可愛樂光明天王承
이시가애락광명천왕승

佛威力普觀一切少光天無
불위력보관일체소광천무

量光天極光天衆而說頌言
량광천극광천중이설송언

我念如來昔所行
아념여래석소행

承事供養無邊佛
승사공양무변불

如本信心清淨業
여본신심청정업

以佛威神今悉見
이불위신령실견

佛身無相離衆垢
불신무상이중구

恒住慈悲哀愍地
항주자비애민지

世間憂患悉使除
세간우환실사제

此是妙光之解脫 (차시묘광지해탈)
佛法廣大無涯際 (불법광대무애제)
一切刹海於中現 (일체찰해어중현)
如其成壞各不同 (여기성괴각부동)
自在音天解脫力 (자재음천해탈력)
佛神通力無與等 (불신통력무여등)
普現十方廣大刹 (보현시방광대찰)

悉令嚴淨常現前
실령엄정상현전

勝念解脫之方便
승념해탈지방편

如諸刹海微塵數
여제찰해미진수

所有如來咸敬奉
소유여래함경봉

聞法離染不唐捐
문법리염부당연

此妙音天法門用
차묘음천법문용

佛於無量大劫海
불어무량대겁해

說地方便無倫匹
설지방편무륜필

所說無邊無有窮
소설무변무유궁

善思音天知此義
선사음천지차의

如來神變無量門
여래신변무량문

一念現於一切處
일념현어일체처

降神成道大方便
강신성도대방편

此莊嚴音之解脫
차장엄음지해탈

威力所持能演說 (위력소지능연설)
及現諸佛神通事 (급현제불신통사)
隨其根欲悉令淨 (수기근욕실령정)
此光音天解脫門 (차광음천해탈문)
如來智慧無邊際 (여래지혜무변제)
世中無等無所着 (세중무등무소착)
慈心應物普現前 (자심응물보현전)

廣大名天悟斯道
광대명천오사도

佛昔修習菩提行
불석수습보리행

供養十方一切佛
공양시방일체불

一一佛所發誓心
일일불소발서심

最勝光聞大歡喜
최승광문대환희

復次尸棄梵王得普住十
부차시기범왕득보주시

方道場中說法而所行淸淨
방도량중설법이소행청정

無染着解脫門慧光梵王得
무염착해탈문혜광범왕득

使一切衆生入禪三昧住解
사일체중생입선삼매주해

脫門善思慧光明梵王得普
탈문선사혜광명범왕득보

入一切不思議法解脫門普
입일체부사의법해탈문보

雲音梵王得入諸佛一切音
운음범왕득입제불일체음

聲海解脫門觀世言音自在
성해해탈문관세언음자재

梵王得能憶念菩薩敎化一
범왕득능억념보살교화일

切衆生方便解脫門寂靜光
체중생방편해탈문적정광

明眼梵王得現一切世間業
명안범왕득현일체세간업

報相各差別解脫門普光明
보상각차별해탈문보광명

梵王得隨一切衆生品類差
범왕득수일체중생품류차

別皆現前調伏解脫門變化
별개현전조복해탈문변화

音梵王得住一切法清淨相
음범왕득주일체법청정상

寂滅行境界解脫門光耀眼
적멸행경계해탈문광요안

梵王得於一切有無所着無
범왕득어일체유무소착무

邊際無依止常勤出現解脫
변제무의지상근출현해탈

門悅意海音梵王得常思惟
문열의해음범왕득상사유

觀察無盡法解脫門
관찰무진법해탈문

爾時尸棄大梵王承佛神
이시시기대범왕승불신

力普觀一切梵身天梵輔天
력보관일체범신천범보천

梵衆天大梵天衆而說頌言
범중천대범천중이설송언

佛身清淨常寂滅 (불신청정상적멸)
光明照耀徧世間 (광명조요변세간)
無相無行無影像 (무상무행무영상)
譬如空雲如是見 (비여공운여시견)
佛身如是定境界 (불신여시정경계)
一切衆生莫能測 (일체중생막능측)
示彼難思方便門 (시피난사방편문)

此慧光王之所悟
佛刹微塵法門海
一言演說盡無餘
如是劫海演不窮
善思慧光之解脫
諸佛圓音等世間
衆生隨類各得解

而於音聲不分別 (이어음성불분별)

普音梵天如是悟 (보음범천여시오)

三世所有諸如來 (삼세소유제여래)

趣入菩提方便行 (취입보리방편행)

一切皆於佛身現 (일체개어불신현)

自在音天之解脫 (자재음천지해탈)

一切衆生業差別 (일체중생업차별)

隨其因感種種殊
수기인감종종수

世間如是佛皆現
세간여시불개현

寂靜光天能悟入
적정광천능오입

無量法門皆自在
무량법문개자재

調伏衆生徧十方
조복중생변시방

亦不於中起分別
역불어중기분별

此是普光之境界
차시보광지경계

佛身如空不可盡 (불신여공불가진)

無相無礙遍十方 (무상무애변시방)

所有應現皆如化 (소유응현개여화)

變化音王悟斯道 (변화음왕오사도)

如來身相無有邊 (여래신상무유변)

智慧音聲亦如是 (지혜음성역여시)

處世現形無所着 (처세현형무소착)

光耀天王入此門
광요천왕입차문

法王安處妙法宮
법왕안처묘법궁

法身光明無不照
법신광명무부조

法性無比無諸相
법성무비무제상

此海音王之解脫
차해음왕지해탈

復次自在天王得現前成
부차자재천왕득현전성

熟無量衆生自在藏解脫門
숙무량중생자재장해탈문

善目主天王得觀察一切衆
선목주천왕득관찰일체중

生樂令入聖境界樂解脫門
생락영입성경계락해탈문

妙寶幢冠天王得隨諸衆生
묘보당관천왕득수제중생

種種欲解令起行解脫門勇
종종욕해영기행해탈문용

猛慧天王得普攝爲一切衆
맹혜천왕득보섭위일체중

生所說義解脫門妙音句天
생소설의해탈문묘음구천

王得憶念如來廣大慈增進
왕득억념여래광대자증진

門 문	無 무	門 문	調 조	慢 만	得 득	自 자
華 화	邊 변	妙 묘	伏 복	幢 당	示 시	所 소
光 광	佛 불	輪 륜	一 일	解 해	現 현	行 행
慧 혜	隨 수	莊 장	切 체	脫 탈	大 대	解 해
天 천	憶 억	嚴 엄	世 세	門 문	悲 비	脫 탈
王 왕	念 념	幢 당	間 간	寂 적	門 문	門 문
得 득	悉 실	天 천	瞋 진	靜 정	摧 최	妙 묘
隨 수	來 래	王 왕	害 해	境 경	滅 멸	光 광
衆 중	赴 부	得 득	心 심	天 천	一 일	幢 당
生 생	解 해	十 시	解 해	王 왕	切 체	天 천
心 심	脫 탈	方 방	脫 탈	得 득	憍 교	王 왕

念(념)普(보)現(현)成(성)正(정)覺(각)解(해)脫(탈)門(문)因(인)陀(다)

羅(라)妙(묘)光(광)天(천)王(왕)得(득)普(보)入(입)一(일)切(체)世(세)

間(간)大(대)威(위)力(력)自(자)在(재)法(법)解(해)脫(탈)門(문)

爾(이)時(시)自(자)在(재)天(천)王(왕)承(승)佛(불)威(위)神(신)

徧(변)觀(관)一(일)切(체)自(자)在(재)天(천)衆(중)而(이)說(설)頌(송)

言(언)

佛(불)身(신)周(주)徧(변)等(등)法(법)界(계)

普應衆生悉現前
보응중생실현전

種種教門常化誘
종종교문상화유

於法自在能開悟
어법자재능개오

世間所有種種樂
세간소유종종락

聖寂滅樂爲最勝
성적멸락위최승

住於廣大法性中
주어광대법성중

妙眼天王觀見此
묘안천왕관견차

如來出現徧十方
여래출현변시방

普應群心而說法
보응군심이설법

一切疑念皆除斷
일체의념개제단

此妙幢冠解脫門
차묘당관해탈문

諸佛徧世演妙音
제불변세연묘음

無量劫中所說法
무량겁중소설법

能以一言咸說盡
능이일언함설진

勇猛慧天之解脫
용맹혜천지해탈

世間所有廣大慈
세간소유광대자

不及如來一毫分
불급여래일호분

佛慈如空不可盡
불자여공불가진

此妙音天之所得
차묘음천지소득

一切衆生慢高山
일체중생만고산

十力摧殄悉無餘
십력최진실무여

此是如來大悲用
차시여래대비용

妙光幢王所行道
묘광당왕소행도

慧光淸淨滿世間
혜광청정만세간

若有見者除癡闇
약유견자제치암

令其遠離諸惡道
영기원리제악도

寂靜天王悟斯法
적정천왕오사법

毛孔光明能演說
모공광명능연설

等衆生數諸佛名
등중생수제불명

隨其所樂悉得聞
수기소락실득문

此妙輪幢之解脫
차묘륜당지해탈

如來自在不可量
여래자재불가량

法界虛空悉充滿
법계허공실충만

一切衆會皆明覩
일체중회개명도

此解脫門華慧入
차해탈문화혜입

無量無邊大劫海 (무량무변대겁해)
普現十方而說法 (보현시방이설법)
未曾見佛有去來 (미증견불유거래)
此妙光天之所悟 (차묘광천지소오)

復次善化天王得開示一 (부차선화천왕득개시일)
切業變化力解脫門寂靜音 (체업변화력해탈문적정음)
光明天王得捨離一切攀緣 (광명천왕득사리일체반연)

天 천	盡 진	念 염	得 득	慧 혜	普 보	解 해
王 왕	福 복	光 광	示 시	圓 원	滅 멸	脫 탈
得 득	德 덕	天 천	現 현	滿 만	一 일	門 문
普 보	相 상	王 왕	無 무	解 해	切 체	變 변
知 지	解 해	得 득	邊 변	脫 탈	衆 중	化 화
過 과	脫 탈	了 료	悅 열	門 문	生 생	力 력
去 거	門 문	知 지	意 의	莊 장	癡 치	光 광
一 일	最 최	一 일	聲 성	嚴 엄	暗 암	明 명
切 체	上 상	切 체	解 해	主 주	心 심	天 천
劫 겁	雲 운	佛 불	脫 탈	天 천	令 영	王 왕
成 성	音 음	無 무	門 문	王 왕	智 지	得 득

1	2	3	4	5	6	7
壞(괴)	開(개)	髻(계)	空(공)	切(체)	門(문)	生(생)
次(차)	悟(오)	天(천)	界(계)	所(소)	華(화)	業(업)
第(제)	一(일)	王(왕)	解(해)	作(작)	光(광)	所(소)
解(해)	切(체)	得(득)	脫(탈)	無(무)	髻(계)	受(수)
脫(탈)	衆(중)	舒(서)	門(문)	能(능)	天(천)	報(보)
門(문)	生(생)	光(광)	喜(희)	壞(괴)	王(왕)	解(해)
勝(승)	智(지)	疾(질)	慧(혜)	精(정)	得(득)	脫(탈)
光(광)	解(해)	滿(만)	天(천)	進(진)	知(지)	門(문)
天(천)	脫(탈)	十(시)	王(왕)	力(력)	一(일)	普(보)
王(왕)	門(문)	方(방)	得(득)	解(해)	切(체)	見(견)
得(득)	妙(묘)	虛(허)	一(일)	脫(탈)	衆(중)	十(시)

方天王得示現不思議衆生形類差別解脫門
방천왕득시현부사의중생형류차별해탈문

爾時善化天王承佛威力普觀一切善化天衆而說頌言
이시선화천왕승불위력보관일체선화천중이설송언

世間業性不思議
세간업성부사의

佛爲群迷悉開示
불위군미실개시

巧說因緣眞實理 (교설인연진실리)

一切衆生差別業 (일체중생차별업)

種種觀佛無所有 (종종관불무소유)

十方求覓不可得 (시방구멱불가득)

法身示現無眞實 (법신시현무진실)

此法寂音之所見 (차법적음지소견)

佛於劫海修諸行 (불어겁해수제행)

爲滅世間癡闇惑 (위멸세간치암혹)

是故清淨最照明 (시고청정최조명)

此是力光心所悟 (차시력광심소오)

世間所有妙音聲 (세간소유묘음성)

無有能比如來音 (무유능비여래음)

佛以一音徧十方 (불이일음변시방)

入此解脫莊嚴主 (입차해탈장엄주)

世間所有衆福力 세간소유중복력
不與如來一相等 불여여래일상등
如來福德同虛空 여래복덕동허공
此念光天所觀見 차념광천소관견
三世所有無量劫 삼세소유무량겁
如其成敗種種相 여기성패종종상
佛一毛孔皆能現 불일모공개능현

最上雲音所了知
최상운음소요지

十方虛空可知量
시방허공가지량

佛毛孔量不可得
불모공량불가득

如是無礙不思議
여시무애불사의

妙髻天王已能悟
묘계천왕이능오

佛於曩世無量劫
불어낭세무량겁

具修廣大波羅蜜
구수광대바라밀

勤行精進無厭怠
근행정진무염태

喜慧能知此法門
희혜능지차법문

業性因緣不可思
업성인연불가사

佛爲世間皆演說
불위세간개연설

法性本淨無諸垢
법성본정무제구

此是華光之入處
차시화광지입처

汝應觀佛一毛孔
여응관불일모공

一(일)切(체)衆(중)生(생)悉(실)在(재)中(중)

彼(피)亦(역)不(불)來(래)亦(역)不(불)去(거)

此(차)普(보)見(견)王(왕)之(지)所(소)了(요)

復(부)次(차)知(지)足(족)天(천)王(왕)得(득)一(일)切(체)佛(불)

出(출)興(흥)世(세)圓(원)滿(만)教(교)輪(륜)解(해)脫(탈)門(문)喜(희)

樂(락)海(해)髻(계)天(천)王(왕)得(득)盡(진)虛(허)空(공)界(계)淸(청)

淨(정)光(광)明(명)身(신)解(해)脫(탈)門(문)最(최)勝(승)功(공)德(덕)

幢天王得消滅世間苦淨願
당천왕득소멸세간고정원

海解脫門寂靜光天王得普
해해탈문적정광천왕득보

現身說法解脫門善目天王
현신설법해탈문선목천왕

得普淨一切衆生界解脫門
득보정일체중생계해탈문

寶峰月天王得普化世間常
보봉월천왕득보화세간상

現前無盡藏解脫門勇健力
현전무진장해탈문용건력

天王得開示一切佛正覺境
천왕득개시일체불정각경

사경의 공덕은 십만억 부처님께 공양한 것과 같은 공덕이 있습니다.

界(계)解(해)脫(탈)門(문)金(금)剛(강)妙(묘)光(광)天(천)王(왕)得(득)

堅(견)固(고)一(일)切(체)衆(중)生(생)菩(보)提(리)心(심)令(령)不(불)

可(가)壞(괴)解(해)脫(탈)門(문)星(성)宿(수)幢(당)天(천)王(왕)得(득)

一(일)切(체)佛(불)出(출)興(흥)咸(함)親(친)近(근)觀(관)察(찰)調(조)

伏(복)衆(중)生(생)方(방)便(편)解(해)脫(탈)門(문)妙(묘)莊(장)嚴(엄)

天(천)王(왕)得(득)一(일)念(념)悉(실)知(지)衆(중)生(생)心(심)隨(수)

機(기)應(응)現(현)解(해)脫(탈)門(문)

爾時知足天王承佛威力普觀一切知足天衆而說頌言
이시지족천왕승불위력보관일체지족천중이설송언

如來廣大徧法界
여래광대변법계

於諸衆生悉平等
어제중생실평등

普應群情闡妙門
보응군정천묘문

令入難思清淨法
영입난사청정법

佛身普現於十方
불신보현어시방

無着無礙不可取
무착무애불가취

種種色像世咸見
종종색상세함견

此喜髻天之所入
차희계천지소입

如來往昔修諸行
여래왕석수제행

清淨大願深如海
청정대원심여해

一切佛法皆令滿
일체불법개령만

勝德能知此方便 (승덕능지차방편)

如來法身不思議 (여래법신불사의)

如影分形等法界 (여영분형등법계)

處處闡明一切法 (처처천명일체법)

寂靜光天解脫門 (적정광천해탈문)

衆生業惑所纏覆 (중생업혹소전부)

憍慢放逸心馳蕩 (교만방일심치탕)

如來爲說寂靜法
여래위설적정법

善目照知心喜慶
선목조지심희경

一切世間眞導師
일체세간진도사

爲救爲歸而出現
위구위귀이출현

普示衆生安樂處
보시중생안락처

峰月於此能深入
봉월어차능심입

諸佛境界不思議
제불경계불사의

一切法界皆周徧
일체법계개주변

入於諸法到彼岸
입어제법도피안

勇慧見此生歡喜
용혜견차생환희

若有衆生堪受化
약유중생감수화

聞佛功德趣菩提
문불공덕취보리

令住福海常淸淨
영주복해상청정

妙光於此能觀察
묘광어차능관찰

十方剎海微塵數 시방찰해미진수
一切佛所皆往集 일체불소개왕집
恭敬供養聽聞法 공경공양청문법
此莊嚴幢之所見 차장엄당지소견
衆生心海不思議 중생심해불사의
無住無動無依處 무주무동무의처
佛於一念皆明見 불어일념개명견

사경의 공덕은 십만억 부처님께 공양한 것과 같은 공덕이 있습니다.

解 해	天 천	境 경	脫 탈	切 체		
脫 탈	王 왕	界 계	門 문	衆 중	復 부	
門 문	得 득	解 해	妙 묘	生 생	次 차	妙 묘
善 선	滅 멸	脫 탈	光 광	善 선	時 시	莊 장
化 화	除 제	門 문	天 천	根 근	分 분	嚴 엄
端 단	一 일	無 무	王 왕	令 영	天 천	天 천
嚴 엄	切 체	盡 진	得 득	永 영	王 왕	斯 사
天 천	患 환	慧 혜	普 보	離 리	得 득	善 선
王 왕	大 대	功 공	入 입	憂 우	發 발	了 료
得 득	悲 비	德 덕	一 일	惱 뇌	起 기	
了 료	輪 륜	幢 당	切 체	解 해	一 일	

知三世一切衆生心解脫門
지삼세일체중생심해탈문

總持大光明天王得陀羅尼
총지대광명천왕득다라니

門光明憶持一切法無忘失
문광명억지일체법무망실

解脫門不思議慧天王得善
해탈문불사의혜천왕득선

入一切業自性不思議方便
입일체업자성불사의방편

解脫門輪臍天王得轉法輪
해탈문윤제천왕득전법륜

成熟衆生方便解脫門光焰
성숙중생방편해탈문광염

사경의 공덕은 십만억 부처님께 공양한 것과 같은 공덕이 있습니다.

天(천)王(왕)得(득)廣(광)大(대)眼(안)普(보)觀(관)衆(중)生(생)而(이)

往(왕)調(조)伏(복)解(해)脫(탈)門(문)光(광)照(조)天(천)王(왕)得(득)

超(초)出(출)一(일)切(체)業(업)障(장)不(불)隨(수)魔(마)所(소)作(작)

解(해)脫(탈)門(문)普(보)觀(관)察(찰)大(대)名(명)稱(칭)天(천)王(왕)

得(득)善(선)誘(유)誨(회)一(일)切(체)諸(제)天(천)衆(중)令(영)受(수)

行(행)心(심)淸(청)淨(정)解(해)脫(탈)門(문)

爾(이)時(시)時(시)分(분)天(천)王(왕)承(승)佛(불)威(위)力(력)

普觀一切時分天衆而說頌言
보관일체시분천중이설송언

佛於無量久遠劫
불어무량구원겁

已竭世間憂惱海
이갈세간우뇌해

廣闢離塵淸淨道
광벽이진청정도

永耀衆生智慧燈
영요중생지혜등

如來法身甚廣大
여래법신심광대

十方邊際不可得 (시방변제불가득)
一切方便無限量 (일체방편무한량)
妙光明天智能入 (묘광명천지능입)
生老病死憂悲苦 (생로병사우비고)
逼迫世間無暫歇 (핍박세간무잠헐)
大師哀愍誓悉除 (대사애민서실제)
無盡慧光能覺了 (무진혜광능각료)

佛如幻智無所礙 (불여환지무소애)

於三世法悉明達 (어삼세법실명달)

普入衆生心行中 (보입중생심행중)

此善化天之境界 (차선화천지경계)

總持邊際不可得 (총지변제불가득)

辯才大海亦無盡 (변재대해역무진)

能轉清淨妙法輪 (능전청정묘법륜)

此是大光之解脫 (차시대광지해탈)
業性廣大無窮盡 (업성광대무궁진)
智慧覺了善開示 (지혜각료선개시)
一切方便不思議 (일체방편불사의)
如是慧天之所入 (여시혜천지소입)
轉不思議妙法輪 (전불사의묘법륜)
顯示修習菩提道 (현시수습보리도)

永滅一切衆生苦
영멸일체중생고

此是輪齋方便地
차시윤재방편지

如來眞身本無二
여래진신본무이

應物隨形滿世間
응물수형만세간

衆生各見在其前
중생각견재기전

此是焰天之境界
차시염천지경계

若有衆生一見佛
약유중생일견불

必使淨除諸業障 (필사정제제업장)
離諸魔業永無餘 (이제마업영무여)
光照天王所行道 (광조천왕소행도)
一切衆會廣如海 (일체중회광여해)
佛在其中最威耀 (불재기중최위요)
普雨法雨潤衆生 (보우법우윤중생)
此解脫門名稱入 (차해탈문명칭입)

覆 부	門 문	最 최	稱 칭	壞 괴	憶 억	
解 해	慈 자	淸 청	滿 만	皆 개	念 념	復 부
脫 탈	目 목	淨 정	音 음	明 명	三 삼	次 차
門 문	寶 보	廣 광	天 천	見 견	世 세	釋 석
寶 보	髻 계	大 대	王 왕	大 대	佛 불	迦 가
光 광	天 천	世 세	得 득	歡 환	出 출	因 인
幢 당	王 왕	無 무	能 능	喜 희	興 흥	陀 다
名 명	得 득	能 능	令 령	解 해	乃 내	羅 라
稱 칭	慈 자	比 비	佛 불	脫 탈	至 지	天 천
天 천	雲 운	解 해	色 색	門 문	刹 찰	王 왕
王 왕	普 보	脫 탈	身 신	普 보	成 성	得 득

得恒見佛於一切世主前現種種形相威德身解脫門發生喜樂髻天王得知一切衆生城邑宮殿從何福業生解脫門端正念天王得開示諸佛成熟衆生事解脫門高勝音天王得知一切世間成壞

득항견불어일체세주전현종종형상위덕신해탈문발생희락계천왕득지일체중생성읍궁전종하복업생해탈문단정념천왕득개시제불성숙중생사해탈문고승음천왕득지일체세간성괴

解 해	諸 제	門 문	了 요	生 생	王 왕	劫 겁
脫 탈	天 천	智 지	知 지	行 행	得 득	轉 전
門 문	子 자	日 일	一 일	解 해	憶 억	變 변
自 자	受 수	眼 안	切 체	脫 탈	念 념	相 상
在 재	生 생	天 천	諸 제	門 문	當 당	解 해
光 광	善 선	王 왕	天 천	淨 정	來 래	脫 탈
明 명	根 근	得 득	快 쾌	華 화	菩 보	門 문
天 천	俾 비	開 개	樂 락	光 광	薩 살	成 성
王 왕	無 무	示 시	因 인	天 천	調 조	就 취
得 득	癡 치	一 일	解 해	王 왕	伏 복	念 념
開 개	惑 혹	切 체	脫 탈	得 득	衆 중	天 천

悟一切諸天衆令永斷種種 (오일체제천중령영단종종)
疑解脫門 (의해탈문)
爾時釋迦因陀羅天王承 (이시석가인다라천왕승)
佛威力普觀一切三十三天 (불위력보관일체삼십삼천)
衆而說頌言 (중이설송언)
我念三世一切佛 (아념삼세일체불)
所有境界悉平等 (소유경계실평등)

如其國土壞與成
여기국토괴여성

以佛威神皆得見
이불위신개득견

佛身廣大徧十方
불신광대변시방

妙色無比利群生
묘색무비이군생

光明照耀靡不及
광명조요미불급

此道普稱能觀見
차도보칭능관견

如來方便大慈海
여래방편대자해

往劫修行極清淨 (왕겁수행극청정)
化導衆生無有邊 (화도중생무유변)
寶髻天王斯悟了 (보계천왕사오료)
我念法王功德海 (아념법왕공덕해)
世中最上無與等 (세중최상무여등)
發生廣大歡喜心 (발생광대환희심)
此寶光天之解脫 (차보광천지해탈)

佛知衆生善業海
불지중생선업해

種種勝因生大福
종종승인생대복

皆令顯現無有餘
개령현현무유여

此喜髻天之所見
차희계천지소견

諸佛出現於十方
제불출현어시방

普徧一切世間中
보변일체세간중

觀衆生心示調伏
관중생심시조복

正念天王悟斯道
정념천왕오사도

如來智身廣大眼
여래지신광대안

世界微塵無不見
세계미진무불견

如是普徧於十方
여시보변어시방

此雲音天之解脫
차운음천지해탈

一切佛子菩提行
일체불자보리행

如來悉現毛孔中
여래실현모공중

如其無量皆具足 (여기무량개구족)
此念天王所明見 (차념천왕소명견)
世間所有安樂事 (세간소유안락사)
一切皆由佛出生 (일체개유불출생)
如來功德勝無等 (여래공덕승무등)
此解脫處華王入 (차해탈처화왕입)
若念如來少功德 (약념여래소공덕)

乃至一念心專仰
내 지 일 념 심 전 앙

諸惡道怖悉永除
제 악 도 포 실 영 제

智眼於此能深悟
지 안 어 차 능 심 오

寂滅法中大神通
적 멸 법 중 대 신 통

普應群心靡不周
보 응 군 심 미 부 주

所有疑惑皆令斷
소 유 의 혹 개 령 단

此光明王之所得
차 광 명 왕 지 소 득

復(부)次(차)日(일)天(천)子(자)得(득)淨(정)光(광)普(보)照(조)
十(시)方(방)衆(중)生(생)盡(진)未(미)來(래)劫(겁)常(상)爲(위)利(이)
益(익)解(해)脫(탈)門(문)光(광)焰(염)眼(안)天(천)子(자)得(득)以(이)
一(일)切(체)隨(수)類(류)身(신)開(개)悟(오)衆(중)生(생)令(영)入(입)
智(지)慧(혜)海(해)解(해)脫(탈)門(문)須(수)彌(미)光(광)歡(환)喜(희)
幢(당)天(천)子(자)得(득)爲(위)一(일)切(체)衆(중)生(생)主(주)令(영)
勤(근)修(수)無(무)邊(변)淨(정)功(공)德(덕)解(해)脫(탈)門(문)淨(정)

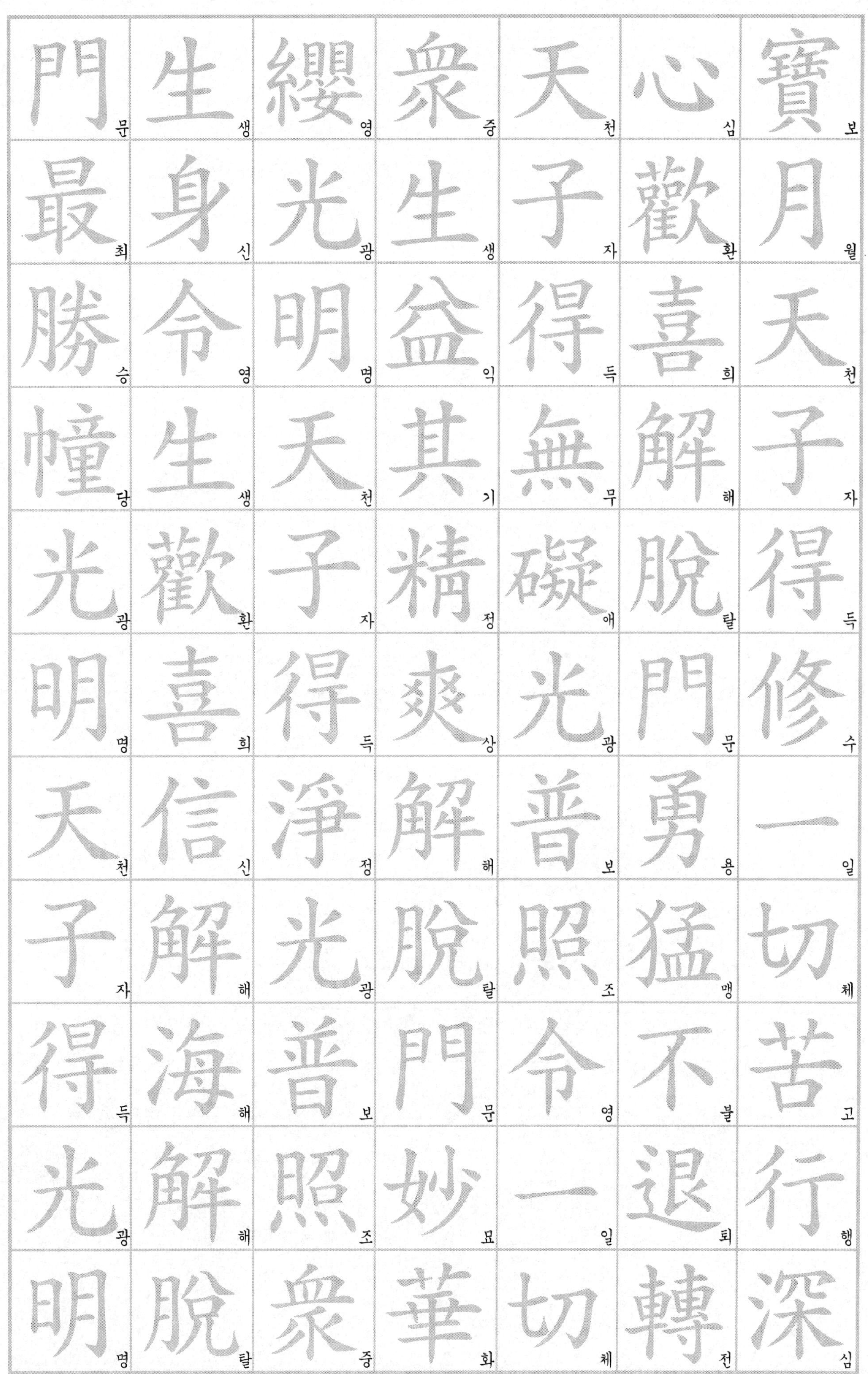

門 문	生 생	纓 영	衆 중	天 천	心 심	寶 보
最 최	身 신	光 광	生 생	子 자	歡 환	月 월
勝 승	令 영	明 명	益 익	得 득	喜 희	天 천
幢 당	生 생	天 천	其 기	無 무	解 해	子 자
光 광	歡 환	子 자	精 정	礙 애	脫 탈	得 득
明 명	喜 희	得 득	爽 상	光 광	門 문	修 수
天 천	信 신	淨 정	解 해	普 보	勇 용	一 일
子 자	解 해	光 광	脫 탈	照 조	猛 맹	切 체
得 득	海 해	普 보	門 문	令 영	不 불	苦 고
光 광	解 해	照 조	妙 묘	一 일	退 퇴	行 행
明 명	脫 탈	衆 중	華 화	切 체	轉 전	深 심

普照一切世間令成辨種種
보조일체세간영성판종종
妙功德解脫門寶髻普光明
묘공덕해탈문보계보광명
天子得大悲海現無邊境界
천자득대비해현무변경계
種種色相寶解脫門光明眼
종종색상보해탈문광명안
天子得淨治一切衆生眼令
천자득정치일체중생안영
見法界藏解脫門持德天子
견법계장해탈문지덕천자
得發生清淨相續心令不失
득발생청정상속심영부실

사경의 공덕은 십만억 부처님께 공양한 것과 같은 공덕이 있습니다.

壞解脫門普運行光明天子 (괴해탈문보운행광명천자)
得普運日宮殿照十方一切 (득보운일궁전조시방일체)
衆生令成就所作業解脫門 (중생영성취소작업해탈문)
爾時日天子承佛威力徧 (이시일천자승불위력변)
觀一切日天子衆而說頌言 (관일체일천자중이설송언)
如來廣大智慧光 (여래광대지혜광)
普照十方諸國土 (보조시방제국토)

一切衆生咸見佛
일체중생함견불

種種調伏多方便
종종조복다방편

如來色相無有邊
여래색상무유변

隨其所樂悉現身
수기소락실현신

普爲世間開智海
보위세간개지해

焰眼如是觀於佛
염안여시관어불

佛身無等無有比
불신무등무유비

光明照耀徧十方
광명조요변시방

超過一切最無上
초과일체최무상

如是法門歡喜得
여시법문환희득

爲利世間修苦行
위리세간수고행

往來諸有無量劫
왕래제유무량겁

光明徧淨如虛空
광명변정여허공

寶月能知此方便
보월능지차방편

佛演妙音無障礙
불연묘음무장애

普徧十方諸國土
보변시방제국토

以法滋味益群生
이법자미익군생

勇猛能知此方便
용맹능지차방편

放光明網不思議
방광명망불사의

普淨一切諸含識
보정일체제함식

悉使發生深信解
실사발생심신해

此華纓天所入門 (차화영천소입문)
世間所有諸光明 (세간소유제광명)
不及佛一毛孔光 (불급불일모공광)
佛光如是不思議 (불광여시불사의)
此勝幢光之解脫 (차승당광지해탈)
一切諸佛法如是 (일체제불법여시)
悉坐菩提樹王下 (실좌보리수왕하)

令非道者住於道 (영비도자주어도)
寶髻光明如是見 (보계광명여시견)
衆生盲闇愚癡苦 (중생맹암우치고)
佛欲令其生淨眼 (불욕령기생정안)
是故爲然智慧燈 (시고위연지혜등)
善目於此深觀察 (선목어차심관찰)
解脫方便自在尊 (해탈방편자재존)

若有曾見一供養
약유증견일공양

悉使修行至於果
실사수행지어과

此是德天方便力
차시덕천방편력

一法門中無量門
일법문중무량문

無量千劫如是說
무량천겁여시설

所演法門廣大義
소연법문광대의

普運光天之所了
보운광천지소료

復次月天子得淨光普照
부차월천자득정광보조

法界攝化衆生解脫門華王
법계섭화중생해탈문화왕

髻光明天子得觀察一切衆
계광명천자득관찰일체중

生界令普入無邊法解脫門
생계령보입무변법해탈문

衆妙淨光天子得了知一切
중묘정광천자득료지일체

衆生心海種種攀緣轉解脫
중생심해종종반연전해탈

門安樂世間心天子得與一
문안락세간심천자득여일

사경의 공덕은 십만억 부처님께 공양한 것과 같은 공덕이 있습니다.

切衆生不可思議樂令踊躍
체중생불가사의락영용약

大歡喜解脫門樹王眼光明
대환희해탈문수왕안광명

天子得如田家作業種芽莖
천자득여전가작업종아경

等隨時守護令成就解脫門
등수시수호영성취해탈문

出現淨光天子得慈悲救護
출현정광천자득자비구호

一切衆生令現見受苦受樂
일체중생영현견수고수락

事解脫門普遊不動光天子
사해탈문보유부동광천자

得能持淸淨月普現十方解
득능지청정월보현시방해

脫門星宿王自在天子得開
탈문성수왕자재천자득개

示一切法如幻如虛空無相
시일체법여환여허공무상

無自性解脫門淨覺月天子得
무자성해탈문정각월천자득

得普爲一切衆生起大業用
득보위일체중생기대업용

解脫門大威德光明天子得
해탈문대위덕광명천자득

普斷一切疑惑解脫門
보단일체의혹해탈문

사경의 공덕은 십만억 부처님께 공양한 것과 같은 공덕이 있습니다.

爾時月天子承佛神力普觀一切月宮殿中諸天衆會而說頌言
이시월천자승불신력보관일체월궁전중제천중회이설송언

佛放光明徧世間
불방광명변세간

照耀十方諸國土
조요시방제국토

演不思議廣大法
연불사의광대법

永破衆生癡惑暗
영파중생치혹암

境界無邊無有盡 (경계무변무유진)
於無量劫常開導 (어무량겁상개도)
種種自在化群生 (종종자재화군생)
華髻如是觀於佛 (화계여시관어불)
衆生心海念念殊 (중생심해염념수)
佛智寬廣悉了知 (불지관광실료지)
普爲說法令歡喜 (보위설법령환희)

此妙光明之解脫
차묘광명지해탈

衆生無有聖安樂
중생무유성안락

沈迷惡道受諸苦
침미악도수제고

如來示彼法性門
여래시피법성문

安樂思惟如是見
안락사유여시견

如來希有大慈悲
여래희유대자비

爲利衆生入諸有
위리중생입제유

說法勸善令成就
설법권선령성취

此目光天所了知
차목광천소요지

世尊開闡法光明
세존개천법광명

分別世間諸業性
분별세간제업성

善惡所行無失壞
선악소행무실괴

淨光見此生歡喜
정광견차생환희

佛爲一切福所依
불위일체복소의

譬如大地持宮室
비여대지지궁실

巧示離憂安隱道
교시이우안은도

不動能知此方便
부동능지차방편

智火大明周法界
지화대명주법계

現形無數等衆生
현형무수등중생

普爲一切開眞實
보위일체개진실

星宿王天悟斯道
성수왕천오사도

佛如虛空無自性
불여허공무자성

爲利衆生現世間
위리중생현세간

相好莊嚴如影像
상호장엄여영상

淨覺天王如是見
정각천왕여시견

佛身毛孔普演音
불신모공보연음

法雲覆世悉無餘
법운부세실무여

聽聞莫不生歡喜
청문막불생환희

사경의 공덕은 십만억 부처님께 공양한 것과 같은 공덕이 있습니다.

如여是시解해脫탈光광天천悟오

發 願 文

귀의 삼보하옵고
거룩하신 부처님께 발원하옵나이다.

주　　소 : ____________________

전　　화 : ____________ 불 명 : ____________ 성 명 : ____________

불기 25 ________ 년 ________ 월 ________ 일